Für Mizl und Hans
eine Medizin für
fröhliches Lachen

vom

Mönkemilli

Das lachende Pferd

eine heitere Betrachtung

von

WILLI SCHÖNHERR

mit

58 lustigen Zeichnungen von

Hasso Hinke

1. Auflage

1984

VERLAG WEINMANN — BERLIN

CIP-Kurztitelaufnahme der Deutschen Bibliothek

Schönherr, Willi:

Das lachende Pferd : e. heitere Betrachtung /
von Willi Schönherr. Mit 57 lustigen Zeichn.
von Hasso Hinke. — 1. Aufl. — Berlin : Weinmann,
1984.
ISBN 3-87892-082-2

Gesamtherstellung:
Hildebrand · 1000 Berlin 65

Der Autor hat diesem Buch den Titel „Das lachende Pferd" gegeben, weil er bei der Verfolgung des Werdegangs dieser liebenswerten Vierbeiner — vom Urpferdchen (dem Eohippus) bis in die heutige Zeit — sowie nach „Befragen" von Pferden aller Berufsgruppen festgestellt hat, daß sie sich köstlich über all den Unfug amüsieren, der seit eh und je mit ihnen und ihrem Namen getrieben wird.

Hellauf wiehern sie über das Sprichwort „Alles Glück dieser Erde liegt auf dem Rücken der Pferde", und nur zu gern treten sie den Gegenbeweis dadurch an, daß sie ihren Reiter im hohen Bogen ins Gelände katapultieren. Die Pferde tragen es mit Humor, daß man ihnen als Pegasus Flügel anmontierte und unter Verwendung ihrer schönen Körper die Kentauren (kuriose Mißbildungen, halb Mensch — halb Pferd) bastelte sowie fetten Ungetümen wie Nilpferden und Walrössern ihren Namen gab. Schaukelpferde finden sie komisch, weil deren Bewegung ihnen sinnlos erscheint und Steckenpferde auch, weil diese keine Beine haben. Beim Einhorn mißbilligen sie dessen abartige Partnerwahl, während sie die Idee des Odysseus mit dem trojanischen Pferd Klasse finden.

Willi Schönherr hat das Ergebnis seiner Forschungen und „Pferdeinterviews" in originellen, mit viel Humor gespickten Versen festgehalten, wobei man aber auch erfährt, aus welchen „Einzelteilen" ein Pferd besteht, wie ein Reitpferd „funktioniert" und mit welchen Tücken Reiter in ihrer Lehrzeit zu kämpfen haben.

Ein lustiges Buch mit Garantie für fröhliches Wiehern — und zum „Immerwiederlesen".

Viel Spaß!

Vor vielen Millionen Jahren,
Als Menschen noch Primaten waren,
Da hüpfte, emsig sich bewegend,
Der Eohippus durch die Gegend,
Den man dann später Urpferd nannte
Und der noch keine Trense kannte.
Da Pferde in den Anfangsjahren
Nicht größer als die Füchse waren,
Ist es bis heute nicht erwiesen,
Ob sie sich auch schon reiten ließen.

Das Eohippus-Minipferd
War von geringem Schönheitswert
Und, weil nur kleiner Sprünge mächtig,
Auch sportlich nicht sehr zukunftsträchtig.
Weil nach der Eohippen Meinung
Auch mickrig die Gesamterscheinung,
Sprach Vater Hipp zu seinem Sohn:
„Du gehst in die Evolution,
Denn nur dadurch kannst Du auf Erden
Einmal ein Lipizzaner werden!"

Dies griffen alle Pferdchen auf
Und gingen in der Zeiten Lauf
Gezielt, doch ohne Übereilung,
An ihre Genen-Umverteilung.

Da sie in diesen frühen Jahren
Fünfzehen-Sohlengänger waren,
Beschloß man in den Pferdeländern,
Zunächst das Laufwerk abzuändern.
Ein paar Millionen Jahre weiter
Verließen sie dann froh und heiter
Dreizehig — forscher sich bewegend —
Den Wald in Richtung Steppengegend.
Dort merkten alle mit Verdruß,
Daß für den Steppengrasgenuß
Ihr Zahnsystem nicht optimal —
Sie ändern es radikal
Und ließen hinten eine Lücke
Als Lageplatz für Trensenstücke.
Nach weiteren Entwicklungsstufen
Marschierten sie auf Pferdehufen,
Und alle riefen froh: ,,Hurra —
Wir sind jetzt Pferde — wir sind da!"

Den Hippologen war es wichtig,
Das Pferdedasein urgeschichtlich —
Fossilienträchtig — zu erhellen;
Jedoch erlaubt sei festzustellen,
Daß allzuleicht die Theorien
Genauer Prüfung sich entziehen;
Weshalb Humor, so dann und wann,
Der Wissenschaft nicht schaden kann.

Die Pferde, die seit Jahrmillionen
Auf unserem Planeten wohnen,
Zogen auf Reisen ohne Ende
Weltweit durch viele Kontinente —
Denn auf der Erde ging es rund:
Manchmal hob sich der Meeresgrund,
Und oft ergoß auch Mutter Erde
Gebirge in die Welt der Pferde,
Wodurch auf ihrem Weideland
Zuweilen nicht ein Halm mehr stand.

Manch einer will, bricht Not herein,
Ganz gerne Amerikaner sein
Und glaubt, da ist die Welt noch heil —
Jedoch stimmt dieses nur zum Teil,
Denn mit etwas Raketenübung
Gelingt auch dort die Erdverschiebung!
Da dies für Pferde, das ist klar,
Kein aktuelles Thema war,
Kam angesichts der Futterlage
Nur Nordamerika in Frage:
Denn dort, so glaubten sie mit Recht,
Lebt man als Pferd bestimmt nicht schlecht.

Als dann — nach vielen schweren Jahren —
Die Herden angekommen waren,
Empfingen sie auf allen Wegen
Die amerikanischen Kollegen,
Mit denen sie sich gut verstanden
Und eheliche Bindung fanden.
Die Pferde machten sich's gemütlich,
Sie taten sich am Grase gütlich,
Und fröhlich rief die Pferderasse:
„Hier bleiben wir, hier ist es Klasse!"

Da wurde es in Feld und Wald
So ganz allmählich bitter kalt:
Die Eiszeit hatte eingesetzt,
Und alle Pferde liefen jetzt
Vom Weideland Amerika
Nach Asien und Afrika.
Die Pferdewanderei ging leider
Noch viele tausend Jahre weiter.
Das fanden sie nun gar nicht toll,
Sie hatten jetzt die Nase voll
Und wollten drum auf jeden Fall
Zum Menschen in den Pferdestall.

In kleinen Gruppen, frank und frei,
Lebt heut noch in der Mongolei —
Von urgeschichtlich hohem Wert —
Das seltene Przewalskipferd,
Das sich von einem, der so hieß,
Durch Zufall mal entdecken ließ.
PRSCHE-walski, bleibt noch zu erwähnen,
Spricht man sehr häufig mit Fontänen,
Weshalb man dieses demzufolge
Nicht Aug in Auge sprechen sollte.

Daß Pferde, die im Freien tollen,
Zum Menschen in die Ställe wollen,
Ist selbstverständlich Dichterspaß.
Die ,,Menschen'' als der Schöpfung AS,
Die vor paar hunderttausend Jahren
Den Affen ziemlich ähnlich waren,
Dachten in diesen frühen Zeiten
Noch nicht an Fahren oder Reiten;
Doch pflegten sie sehr oft statt dessen,
Das Pferd zu jagen und zu essen.

Als später — vor sechstausend Jahren —
Die Menschen schon gottähnlich waren,
Begannen sie mit Pferdesport
Getreu dem alten Bibelwort:
,,Macht Euch die Erde untertan!'' —
Damit fing der Schlamassel an:
Die Pferde mußten Lasten tragen,
Man spannte sie vor schwere Wagen.
Doch dann entdeckte mit Entzücken
Der Mensch das Glück auf Pferderücken!

Experten sind sich dessen einig:
Der Weg zum Reiterglück ist steinig —
Denn zu dem Glücksgefühl der Pferde
Gehören Reiter auf der Erde;
Auch hat der Reiter nichts zu lachen,
Wenn Wölfe bei ihm Beute machen,
Wie auch ein Huftritt nur bedingt
Ein echtes Reiterlebnis bringt.
Am Anfang paukt man Theorie,
Denn einzig und allein durch sie
Kann man im Reitstall und bei Feten
Mit Clubmitgliedern zünftig reden.

Im Bilderbuch erscheint gewöhnlich
Ein Pferd sehr friedlich und versöhnlich,
Wodurch man allzu leicht vergißt,
Daß 1 PS viel stärker ist
Als man im allgemeinen meint —
Weshalb es angebracht erscheint,
Den Neuling darauf hinzuweisen,
Daß Pferde treten und auch beißen,
Denn so ein großes starkes Tier
Ist eben launisch — so wie wir.

Es ist deshalb mit Sicherheit
Von allergrößter Wichtigkeit,
Daß man beim Pferde nie vergißt,
Wo vorne und wo hinten ist
Und was an diesen Stellen dann
Eventuell passieren kann:
VORN ist die Stelle, wo es speist,
Und wo es auch zuweilen beißt.
HINTEN sind Tritte programmiert
Und werden Knödel fabriziert.
Die Knödel sind nicht folgenschwer,
Die Tritte dafür um so mehr.

Die Pferde teilt man allerorten
Geschlechtsspezifisch in drei Sorten:
Der HENGST ist, wie man sehen kann,
Ganz zweifellos der Pferdemann.
Die STUTE ist nach Körperbau
Und weil was fehlt, die Pferdefrau.
Der WALLACH kommt als Hengst zur Welt.
Der Mensch hat aber festgestellt,
Daß Hengste williger parieren,
Wenn sie die Männlichkeit verlieren
Und auch in punkto „Weibersachen"
Nicht immer wieder Wirbel machen.
Nimmt man an ganz spezieller Stelle
Dem Hengst die Lust- und Freudenquelle,
So sind ihm Stuten völlig Wurst,
Weshalb er, mangels Liebesdurst —
Zum Unterschied vom Menschenmann —
Ganz ohne Sünde leben kann.

Die Kastration ist aber auch
Beim Rindvieh ständiger Gebrauch,
Und dadurch steht dann in der Boxe
Statt eines starken Stiers — ein Ochse.

Die Pferdefreunde mit Niveau
Sind sicher interessiert und froh,
Daß dieses Buch nunmehr bebildert
Die Pferde-Einzelteile schildert.

Der PFERDEKOPF mit Hals und Mähne
besitzt ein Maul voll gelber Zähne,
In dem der Mensch — mit Vorbedacht —
Die Servolenkung angebracht
In Form von Trensen und Kandaren
Fürs Reiten und auch für das Fahren.
Das Lenksystem-variantenreich —
Ist in der Wirkung jedoch gleich —
Es ist des Pferdes „BGB“:
Pariert es nicht, tut es ihm weh,
Und deshalb folgt es musterhaft
Trotz der enormen Pferdekraft.

Bald lernt es, ohne Unbehagen
Die Lenkungshilfen zu ertragen,
Wie auch wir Menschen, unbesehn,
Zeitlebens an Kandaren gehn
Im Zwange tausender Gesetze,
Durch Leistungsdruck und Arbeitshetze.
Kurzum, wir sind in stetem Frust
Durch die Kandare: Mensch Du mußt!

Die freie Tierwelt dieser Erde
Hat es viel schwerer als die Pferde,
Da jedes Tier, was man vergißt,
Nicht sehr human das andere frißt:
Ein Igel speist genüßlich lange
Von hinten eine Ringelschlange,
Wogegen sie, naturbedingt,
Ganz langsam Mäuse lebend schlingt.
Desgleichen fehlt der freien Sippe
Der Tierarzt, Stall und Futterkrippe —
Weshalb ein Pferd, das dies bedacht,
Zufrieden ist und fröhlich lacht.

Die MÄHNEN sind für alle Pferde
Ein Schmuckstück von sehr hohem Werte
Und liegen meist mit frechem Schopf
Auch vorne auf dem Pferdekopf.

Sie schütteln sie an heißen Tagen,
Um damit Fliegen wegzujagen
Und tragen, offensichtlich eitel,
Bevorzugt einen Mittelscheitel.
Nach allerletztem Wissensstand
Sind Pferdeglatzen nicht bekannt.

Vom Mähnenschütteln machen auch
Die jungen Damen oft Gebrauch.
Sie legen bei der Schüttelei
Abwechselnd beide Ohren frei
Und streicheln dabei eine Strähne
In ihrer Dauerwellenmähne,
Wobei sie ihre Finger spreizen
Und nicht mit ihren Reizen geizen.
Das Mähnenspiel ist insoweit
Charmant servierte Weiblichkeit,
Die männlichen Kontakt bezweckt —
Die Pferde sind da mehr direkt.

Erwähnenswert sind auch die NÜSTERN,
Und Hengste schnuppern damit lüstern,
Wenn Stuten in der Brunstperiode
Mit Düften von besonderer Note
Und typisch weiblichen Manieren
Kontaktbereitschaft demonstrieren.
Die Pferde machen aber auch
In anderen Fällen gern Gebrauch
Von ihrer weichen Schnuppernase:
Sie schnauben damit in Ekstase;
Auch wird durch Schnüffelei entdeckt,
Wo der Belohnungszucker steckt.

Die ZÄHNE werden von den Lieben
Beim Futtermuffeln abgerieben
Und sind deshalb im Pferdemunde
So eine Art Geburtsurkunde,
Da nach den Stummelresten man
Das Alter sehr gut schätzen kann;
Man guckt beim Kauf deshalb dem Gaul
Grundsätzlich erst einmal ins Maul.
Obwohl beim Menschen, wie man weiß,
Ein Blick auf seinen Zahnverschleiß
Auch Hinweis auf sein Alter gibt,
Ist die Methode unbeliebt.

Die OHREN zeigen deutlich an,
Was man vom Pferd erwarten kann,
Wobei das OHRENSPIEL zumeist
„Was will mein Reiter?" bei ihm heißt.
Die Ohren VORN sind im Ergebnis
Beim Pferde ein AHA-Erlebnis —
Es hat begriffen — Resümee:
Des Reiters Auftrag geht O.K.

Wenn es die Ohren HINTERLEGT,
Ist es verärgert und erregt —
Dann ist es besser, man paßt auf,
Ob hinten, vorne oder drauf.

Die AUGEN sind, weil starr montiert,
Fürs Augenspiel nicht programmiert,
Was a) den Augenausdruck mindert
Und b) den Rundblick stark behindert,
Weshalb die Pferde, um zu sehn,
Den Kopf beständig etwas drehn.
Eins aber kann das Pferd alleine:
Es kann beim Grasen — durch die Beine —
Nach rückwärts in die Gegend schauen,
Um bei Gefahren abzuhauen.

Es ist ein Kapitalverbrechen,
Von einem Pferdeschwanz zu sprechen,
Denn jedes Pferd, auch schlachthausreif,
Hat bei den Reitern einen SCHWEIF,
Und Pferdeschwänze gibt es nur
Bei jungen Mädchen als Frisur.

Der Schweif hängt lang und wedelfroh
Beim Pferde über dem Popo
Und ist, wenn es nicht grade muß,
Ein visueller Hochgenuß.
Er dient dem Pferd nicht nur allein,
Um hinterrücks sehr schön zu sein,
Er muß auch Fliegen, wenn sie plagen,
Damit erschlagen und verjagen.

Bekannt ist sicherlich nicht Vielen,
Daß Pferdeschwänze Geige spielen:
Der Geigenklang wird nur erreicht,
Wenn Pferdehaar die Saiten streicht,
Und deshalb sind die Geigenbogen
Mit Haaren aus dem Schweif bezogen.
Auch Paganini — hochgepriesen —
War auf das Schwanzhaar angewiesen.

Das Pferdehaar dient aber auch
Sehr oft profanerem Gebrauch:
Zum Beispiel werden für viel Geld
Roßhaarmatratzen hergestellt,
Und darauf liegt, wie auf dem Pferde,
Auch häufig alles Glück der Erde.

Das Pferd steckt, ringsherum verpackt,
In einem FELL — sonst wär es nackt —
Und zweifellos wär ohne dieses
Sogar ein Rassepferd was Fieses.
Die Felle dieser Rosinanten
gibt es in tausend Varianten,
Wobei jedoch die Farben selten
Als Wertmaßstab für Pferde gelten,
Weil nur in ganz speziellen Fällen
Die Käufer Farbansprüche stellen.

Beliebt beim Zirkus sind die Schecken,
Weil sie mit ihren bunten Flecken,
Wenn sie durch die Manege jagen,
Der Menge Frohsinn übertragen.

Bei Hochzeitskutschen sind dagegen
Die Schimmel, ihrer Farbe wegen,
Seit eh und je schon sehr beliebt,
Weil WEISS symbolisch Hinweis gibt,
Daß Braut und Bräutigam das Lieben
Bisher ausschließlich keusch betrieben.

Bestattungsunternehmen pflegen
Sich meistens Rappen zuzulegen,
Die sichtbar traurig, langsam schreiten
Und möglichst den Galopp vermeiden,
Da sonst, was ziemlich sicher steht,
Der Trauerzug verlorengeht.
Die Pferde werden leider jetzt
Durch Lieferwagen voll ersetzt,
Die pietätvoll schwarz lackiert
Diskret ein Palmenwedel ziert.

Das braune Fell ist nach Enthäutung
Für Damenmäntel von Bedeutung,
Und dabei wird das Fell der Fohlen
Von Händlern wärmstens anempfohlen,
Denn es ist anschmiegsam und zart,
Sehr schön gefärbt und kurz behaart.
Wenn in dem Fell von Pferdekindern
Die Damen totschick überwintern,
Muß man dafür ganz kleine Fohlen
Zum Schlachten von der Weide holen.

Das Fell, das einen Gaul umhüllt,
Ist prall mit Pferdefleisch gefüllt;
Jedoch gibt es das Fleisch auch nackt
Als Gulasch und in Wurst verpackt
Sowie in Form von delikaten
Rouladen, Klops und Sauerbraten.
Erstaunlich aber ist indessen,
Daß Viele Pferdefleisch nicht essen,
Und Reiter in gar keinem Falle —
Obwohl die Pferde ja fast alle,
Reitpferde auch nicht ausgenommen,
Beim Metzger in den Himmel kommen.

Um Vorurteilen vorzubeugen,
Empfiehlt es sich, zu überzeugen.
Dazu ist Saftgulasch vom Pferd
Als Partyschmaus empfehlenswert.
Die Gäste sind davon entzückt,
Sie essen alle wie verrückt,
Sie schlagen sich die Bäuche voll
Und finden diesen Gulasch toll.
Selbst Damen, die der Linie wegen
Nur Krümel auf den Teller legen,
Vergessen die Figurenpflege
Und gehn zwecks Nachschlag an die Theke.

Daß Pferde, die so fröhlich traben,
Ein reges Innenleben haben,
Kann man, und dieses soll nicht stören,
Sehr häufig riechen und auch hören;
Auch werden laufend ungeniert
Vom Pferde Knödel fabriziert.

Als die PS noch Hafer fraßen
Und nicht in den Motoren saßen,
Gab's statt der Auto-Auspuffgase
Noch Pferdeknödel auf der Straße.
Für Spatzen waren diese Zeiten
Epochen voller Köstlichkeiten,
Da Pferde ihnen Tische deckten
Mit Knödeln, die voll Hafer steckten.
Sie stürzten sich auf diese Ballen
Im Sturzflug — meistens schon beim Fallen —
Und saßen oft erwartungsfroh
In Massen unterm Pferdepo.

Die PFERDEÄPFEL, die vor Jahren
Die Existenz der Spatzen waren,
Sind heutzutage allerorten
Zu einer Rarität geworden.
Da aber Pferdeäpfelmist
Ein guter Erdbeerdünger ist,
Stehn viele Hobby-Erdbeerbauer
An Reiterwegen auf der Lauer
Und folgen, eimerchenbeladen,
Den Freizeitreiterkavalkaden,
Um dann, sehr oft mit bloßen Händen,
Zu sammeln, was die Rösser spenden.

Zum Laufen, Springen und zum Stehen
Sind stramme BEINE vorgesehen,
Die, von dem Hufschmied angeschlagen,
Solide Eisenschuhe tragen.
Hufeisen bringen Stück für Stück
Dem Menschen haufenweise Glück —
Vorausgesetzt, es wird gefunden —
Ist es noch mit dem Pferd verbunden,
Wird sich ein Tritt mit diesem Eisen
Nicht als das große Glück erweisen.

Vielleicht mag es als Witz erscheinen:
Reitpferde haben außer Beinen —
Das ist kurios und auch erregend —
Drei Hände in der Rückengegend:
Die MITTELHAND am Widerrist,
Dort wo man sitzt und Reiter ist.
Die HINTERHAND entlang der Kruppe,
Das ist beim Schweif die Rückenkuppe.
Die VORDERHAND vorn bei dem Nacken,
Wo ,,Flieger'' an die Mähne packen.

Der Laie glaubt, das Pferdeblut
Sei Blut vom Pferd — und damit gut.
Ein anderer aber sagt dagegen
Mit Überzeugungskraft: ,,Vonwegen!"
Denn er hat irgendwann gehört
Vom Warmblut- und vom Kaltblutpferd,
Von Halb- und Vollblut und so weiter;
Jedoch nimmt so ein ,,Kenner" leider
Beim Warmblutpferd in etwa an,
Daß man drauf Kaffee kochen kann
Und daß man auf dem Kaltblut friert —
Dergleichen wird nun korrigiert:

Die VOLLBLUTPFERDE sind beim Lieben
Weitgehendst unter sich geblieben,
Zwecks Wahrung ihrer Rassenwerte
Vom Stamme der Araberpferde.
Sie sind als Renner hochbegehrt
Und oftmals Millionen wert,
Weil Halter — deren Pferde siegen —
Enorme Renngewinne kriegen.
Ein Deckhengst allererster Klasse
Füllt ebenfalls des Halters Kasse,
Denn er kann ihm für einmal springen
Oft hunderttausend D-Mark bringen —
Dieweil der Mensch für den Genuß
Zuweilen sogar zahlen muß.

Das HALBBLUTPFERD ist ebenfalls
Mit Blut gefüllt bis an den Hals —
Und nicht, wie vielleicht mancher denkt,
Wie ein Glas Bier „halb" eingeschenkt:
EIN Elterntier ist Vollblutrasse,
Das andere gute Bürgerklasse;
Wodurch, was man nun leicht ermißt,
Ein HALBBLUT halbvoll VOLLBLUT ist.

Ganz zweifellos verdient Beachtung
Die psychologische Betrachtung
Warum die Menschen dazu neigen,
Den Pferderücken zu besteigen.
Drei Gründe sind erwähnenswert
Zum Thema „Menschen auf dem Pferd“:
a) Tun sie es, um mehr zu gelten.
b) Rein beruflich (nur noch selten),
c) Weil für sie ein Lebenswert
Die Symbiose Mensch und Pferd.

Ein großer Mensch kann schon allein
Dadurch respekteinflößend sein,
Daß er auf die herunterschaut,
Die, von Natur aus klein gebaut,
Gezwungen sind emporzusehn,
Wenn sie ihm gegenüberstehn.
Das heißt, die allgemeine Meinung
Wird auch geprägt durch die Erscheinung.
Obwohl dieselbe nicht allein
genügt, um wirklich groß zu sein,
Entrückt manch einer gern der Erde
Durch hohen Sitz auf einem Pferde.

Sitzt man hoch oben auf dem Pferd
Erhöht sich der Erscheinungswert
In jeder Hinsicht wesentlich,
Und man hat alles unter sich:
Man schaut herab auf Volksgenossen,
Auf Hunderttausend-Mark-Karossen,
Und nebenbei wird aufgescheucht,
Was in der Gegend kreucht und fleucht.
Man lenkt ein Pferd, fühlt sich als Boß,
Man sitzt auf einem ,,hohen Roß''
Und reitet nur, um mehr zu gelten.
(Der Typ ist gar nicht allzu selten.)

Da optisch in der Wirkung steigt,
Wer „hoch zu Roß" dem Volk sich zeigt,
War es zu allen Zeiten Brauch,
Die Herrscher mit und ohne Bauch,
Die Mutigen und auch die Feigen,
Gemalt zu Pferde vorzuzeigen;
Wobei sie dann vor allen Dingen
Durch wildes Schlachtgetümmel springen,
Die Waffe hoch zum Schlag erhoben.
Fürwahr, man muß die Helden loben,
Die sich im Glanz der Pferde sonnten
Und häufig gar nicht reiten konnten.

Als Reitberufe sind zu nennen:
Jockeys und Fahrer bei den Rennen,
Artisten in dem Zirkuszelt
Und „Profireiter", die viel Geld
Bei den diversen Springturnieren
Als Siegesprämien kassieren.
Auch dirigieren noch auf Pferden
Die Cowboys ihre Rinderherden;
Und lediglich aus Tradition
Bläst hier und da ein Postillion,
Wie ein Relikt aus alten Tagen,
Zu Pferd vor seinem gelben Wagen.

Wer einst im Dienst zu Pferde saß,
Sitzt heut im Auto und gibt Gas.
Weithin ertönt millionenfach,
Lautstark, Benzinmotorenkrach,
Und Gift entströmt den Auspufftöpfen.
In manchen sorgenvollen Köpfen
Wünscht man, statt Giftgas und Getöse,
Die Straßen voller Pferdeklöße
Und wieder eine heile Erde
Durch Tausch des Autos mit dem Pferde.

Es wäre auf der ganzen Welt
Um Pferde ziemlich schlecht bestellt,
Läg nicht das ganze Glück der Erde
Für viele Menschen auf dem Pferde,
Und wären sie nicht stets bereit,
Den Großteil ihrer freien Zeit
Dem liebenswerten Tier zu schenken
Und an sein Wohlergehn zu denken.
Da sie es lieben und nicht zwingen,
Braucht es auch nicht zwei-fünfzig springen,
(Was es nun mal nicht gerne macht)
Weshalb es fröhlich ist und lacht.

Heut braucht man Pferde meist zum Reiten —
Jedoch gab es bekanntlich Zeiten,
Wo sie im Dienst der Bauern standen,
Bis sie dann eines Tags verschwanden,
Weil Trecker auf die Felder kamen
Und ihnen ihre Arbeit nahmen.
Sie zogen auch den Schneeräumpflug
im Vierer- oder Sechserzug
Und machten mit viel Klingelei
Die schneebedeckten Straßen frei.
Als aber dann die Schneeturbinen
Mit fauchendem Geheul erschienen,
Hat man belebte Pferdekraft
Auch dafür gänzlich abgeschafft.

Es gab auch eine große Herde
Meist bunt geschmückter Kutschenpferde,
die munter durch die Straßen trabten
Und sich aus Futtersäcken labten,
Die man — bei Rast im Droschkenstand —
Den Pferden um die Ohren band.
Wie schön, daß man so dann und wann
Auch heut noch Kutschen sehen kann.

Natürlich gibt es auf der Erde
Nicht nur die Wald- und Wiesenpferde;
Es gibt dazu noch allerorten
Sehr hübsche und beliebte Sorten,
Die bei den Menschen Wohnung haben
Und auch in fremden Ländern traben.

Das ZEBRA sieht sehr drollig aus
Und ist in Afrika zu Haus.
Es lebt dort meistens herdenweise,
Ist aller Löwen Lieblingsspeise,
Und da es auch die Leoparden
Auf ihrem Speiseplan erwarten,
Sind Zebraherden jederzeit
Sehr wachsam und zur Flucht bereit.

Das Zebra ist dadurch bekannt,
Daß es den Überweg erfand,
Auf dem der Mensch, meist unversehrt,
Die Autostraßen überquert.
Da alle Autos, wie wir wissen,
Beim Zebrastreifen halten müssen,
Ist es dem Gernegroß zu Fuß
ein absoluter Hochgenuß
Ganz langsam diesen Weg zu gehn
Und Autofahrer anzusehn
Mit dem Gefühl: ,,Wenn ich es will,
Dann stehen alle Räder still.''

Die Zebramuster dienten auch
Dem nächtlich-modischen Gebrauch,
Da sie in Omas Jugendjahren
Für Schlafanzüge üblich waren,
Wobei für dieses Schlafgewand
Meist Baumwollstoff Verwendung fand.
Die Herren fanden, sind wir ehrlich,
Das Streifenbaumwollhemd entbehrlich,
Denn Nachtgewänder machen heute
Durch klare Sicht schon vorher Freude.

Der Esel hat nur wenig Durst;
Man macht aus ihm Salamiwurst
Und pflegte aus der Milch vor Zeiten
Auch Schönheitsbäder zu bereiten.
Da dieses Tier bescheiden ist,
Nur Straßengras und Disteln frißt,
Ist es in vielen Ländern leider
Ein sehr geplagter Schwerarbeiter.
Der Esel hat in unseren Breiten
In dieser Hinsicht nicht zu leiden,
Denn er lebt meistens satt und froh
Als Streicheltier im Kinderzoo.

Der Pferdefreund weiß jederzeit
In punkto Rassen gut Bescheid,
Jedoch sind viele überfragt,
Wenn man etwas vom MAULTIER sagt,
Und wenn man vom MAULESEL spricht.
Die allermeisten wissen nicht,
Wer wohl bei wem zum guten Schluß
Die Vaterschaft bekennen muß.
Zur Füllung dieser Wissenslücke
Nachstehend eine Eselsbrücke:

„Bei Kind und Vater sind konträr
Die beiden Worte **DAS** und **DER**."

DAS Maultier: Vater = **DER** Esel
DER Maulesel: Vater = **DAS** Pferd

Nicht nur das Pferd wird Pferd genannt —
Im Wasser und auch auf dem Land
Sind Tiere, die zwar Pferde heißen,
Jedoch rein optisch schon beweisen,
Daß sie, und das ist zu beklagen,
Zu Unrecht diesen Namen tragen.

Das HEUPFERD, ,,Grashüpfer'' genannt,
Springt glatt zwei Meter aus dem Stand
Dank zweier Riesenhinterhaxen,
Die diesem kleinen Tierchen wachsen —
Bei Pferden würde das bedingen,
Daß sie dreihundert Meter springen.
Aus dem Vergleich ermißt man leicht,
Daß man die Weite nur erreicht,
Wenn einst der Züchter Schöpferkraft
Den,,HINTERHAND—GIGANTUS''schafft—
Doch wär' ein Springpferd, so verwandelt,
Mit Sicherheit etwas verschandelt.

Das NILPFERD kann sehr böse sein.
Es gleicht in etwa einem Schwein,
Und es ist auch so fett wie dieses,
Jedoch als Anblick etwas Fieses.
Es macht mit Absicht viel Gestank
Und ist normal vier Meter lang.
Der Bulle sucht, der Liebe wegen,
Oft Streit mit männlichen Kollegen,
Wobei er sie beim Kampfe meist
In ihren fetten Bauchspeck beißt.

Bekannt ist bei sehr vielen Tieren,
Daß sie ihr Wohngebiet markieren
Dadurch, daß sie in allen Winkeln
Ein wenig ins Gelände pinkeln.
Das Nilpferd hat sehr klug erdacht,
Wie man das noch viel besser macht:
Es läßt beim Pinkeln und beim Haufen
Den kurzen Schwanz hochtourig laufen
Und schleudert, auch sich selbst bewegend,
Die Mischung weithin in die Gegend.

Beim Hauspferd, an Benimm gewöhnt,
Ist diese Schleuderei verpönt.
Dem Autor, der gewiß nicht kleinlich,
Sind diese Zeilen etwas peinlich;
Jedoch kam er zu dem Entschuß,
Daß man einmal beschreiben muß,
Wie unfein und wie ungeniert
Das Nilpferd sein Revier markiert —
Er meint man sollte solche Sachen
Ein wenig eleganter machen.

Das SEEPFERDCHEN — im Meer zu Haus —
Sieht wie ein Kinderspielzeug aus,
Könnt' aber, nach dem Augenschein,
Ein Kunstwerk von Picasso sein,
Der diesem Tierchen ungeniert
Die Beine einfach ab-strahiert:
Dem Seepferdchen im Pflanzenwald
Dient nur ein Ringelschwanz als Halt;
Drum guckt es, wenig sich bewegend,
Auch ziemlich blöde in die Gegend.

Das WALROSS, das meist Muscheln frißt
Und im Polarmeer heimisch ist,
Trägt eine Oberlippenbürste,
Wodurch die Riesen-Robbenwürste,
Die dicht gedrängt am Ufer liegen,
Viel Ähnlichkeit mit Bismarck kriegen.
Obzwar die tonnenschweren Tiere
Eckzähne haben wie Vampire,
Sind sie als Clowns im Zoo beliebt,
Da es sehr viel zu lachen gibt,
Wenn prustend sie durchs Becken flitzen
Und Wasser auf die Leute spritzen.

Das Pferd gibt es nicht nur belebt,
Denn immer war der Mensch bestrebt,
Dem edlen Tier — der Optik wegen —
Symbolischen Gehalt zu geben.
Dadurch entstand die große Herde
Der Mythen- und der Märchenpferde
Und, seit Jahrhunderten bekannt,
Das Schaukelpferd fürs Kinderland.

Das Reiten als Gesamterscheinung
Ist nach der Psychiater Meinung
Autoritäres Lusterleben
Und von Geburt an mitgegeben.
Ein Kleinkind macht drum froh und heiter
Auf Opas Schenkel ,,Hoppe-Reiter''
Und etwas später mit Entzücken
,,Hüh hott'' und ,,brr'' auf Vaters Rücken.
Es bringt ihn um den Tisch in Trab
(Den Strick im Mund lehnt Vater ab)
Und zieht ihm auch zwecks Kurvengang
Mal rechts — mal links die Ohren lang.

Gewinnt das Kind jedoch an Größe,
So werden seine Hoppelstöße
Dem Vater eines Tags zu toll.
Er stöhnt: „Ich hab die Schnauze voll!"
Und nach der nächsten Runde Trab
Ist er erledigt und macht schlapp.
Da nun der Sprößling schmerzerfüllt
Zwei Stunden wie am Spieße brüllt,
Droht Vater, er soll Ruhe geben —
sonst würde er ihm eine kleben.
Sein Eheweib ist strikt dagegen
Und schlägt ihm vor, sich abzuregen,
Denn er wär' schließlich schuld daran,
Daß man auf ihm nicht reiten kann.
Sie spricht, als Vater aufbegehrt:
„Brüll nicht! — Kauf ihm ein Schaukelpferd."

Das SCHAUKELPFERD steht mit den Hufen
Breitbeinig auf zwei Bogenkufen
Und ist, je nach der Eltern Kasse,
Mal Standard- und mal Luxusklasse;
Jedoch muß dieses Roß vor allem
Zunächst den Eltern gut gefallen.

Meist reitet auf dem Schaukelroß
Nicht nur der eigene Ehesproß;
Oft schaukeln drauf mit aller Kraft
Auch Blagen aus der Nachbarschaft,
Die sich dabei an manchen Tagen
Zu dritt nach hinten überschlagen —
Wogegen sich das Schaukelpferd
Zumeist mit Trümmerbrüchen wehrt.
Als Mutter klagt, es wär' ein Jammer,
Kommt Vater mit dem großen Hammer,
Schlägt ein paar Nägel kreuz und quer —
Und weiter geht's — bis' geht nicht mehr.

Von armen Leuten einst erworben —
Und heute leider ausgestorben —
Ist schließlich auch erwähnenswert,
Das gute alte STECKENPFERD.
Zwar konnte dieser Kopf mit Stecken
Die Phantasie des Kindes wecken
Und machte so im frohen Spiel
Ein Prachtpferd aus dem Besenstiel,
Jedoch steht heut die Imagepflege
Erzieherischem Wert im Wege:
Ein Steckenpferd kann man nicht schenken —
Was sollen sich die Leute denken!

Beliebt jedoch sind auf der Erde
Seit jeher jene Steckenpferde,
Die viele Menschen fröhlich reiten,
Wobei sie dann zu manchen Zeiten
Recht sonderbare Hobbys pflegen
Und großen Wert aufs Sammeln legen.
Sie sammeln Korken, Pfeifenköpfe,
Briefmarken, Käfer, Hosenknöpfe,
Oldtimerautos, Straßenschilder,
Bierdeckel, Steine, Pferdebilder,
Sie sammeln jede Menge Witze
Und manchmal sogar Lokussitze.

Das RIESENROSS mag allgemein
Als Zuchtergebnis möglich sein,
Jedoch ist diese Abart auch
Als Titulierung in Gebrauch.
So sagt ein Vater zu dem Sproß:
„Du bist und bleibst ein Riesenroß",
Wenn er zum zehntenmal vergißt,
Daß acht mal fünf nicht vierzehn ist.
Daraus entnimmt mit Recht das Kind,
Daß Pferde ziemlich blöde sind.
Der Autor bleibt mucksmäuschenstill,
weil er dazu nichts sagen will.

Die DENKMALPFERDE muß man loben,
Da sie, ein Vorderbein erhoben,
Auf einem Steinpodest verharren
Und stur ins Wesenlose starren.
Auf ihrem Rücken sitzt, bebaucht,
Ein großer Held, zuhöchst durchlaucht,
Das Schwert mit Todesmut gezückt,
Den Blick ins Heldentum entrückt.
Vielleicht denkt so ein Pferd mitunter:
„Geh — rutsch mir doch den Buckel runter!"

Poseidon ist, so kann man lesen,
Einmal Medusas Freund gewesen,
Und als der Liebe Resultat
Entstand ein Pferd, das Flügel hat.
Sie gaben diesem Filius
Den Künstlernamen PEGASUS,
Und dieses Pferd war ausersehn,
Den Dichtern helfend beizustehn,
Damit sich Wort zum Worte findet
Und gleiches Versmaß sie verbindet.
Drum gibt der Autor diesem Gaul
Im Notfall einen Kuß aufs Maul.

Das Pferd von Troja ist bekannt,
Jedoch meist nicht, wie es entstand.
Der Autor weiß es und sagt froh:
Das war so:
Des Menelaos Ehefrau,
Sehr gut gebaut und auch sehr schlau,
War überall in Griechenland
Als „Schöne Helena" bekannt.
Paris aus Troja war gerührt,
Er hat das schöne Kind entführt
Und dann mit List und Vorbedacht
Nach Troja in sein Bett gebracht.

Kaum war das tolle Ding passiert,
Hat Griechenland mobilisiert.
Dann zogen Agamemnons Krieger
Wie programmierte Blitzkriegsieger
Mit Trutzgesang und frohem Lachen
Nach Troja, um Rabatz zu machen.
Die siegessichere Sangeslust
Wich aber dem totalen Frust,
Als es des Agamemnons Schar
Zehn Jahre lang nicht möglich war,
Die Festungstore einzurennen,
Um Troja sauber abzubrennen.
Odysseus war es schließlich leid.
Er hat deshalb in kurzer Zeit
Aus Holz ein Riesenroß gebaut
Und dreißig Krieger drin verstaut.
Dann ließ er, scheinbar aus Versehen,
Das Pferd vor Trojas Toren stehn.
Trojaner zogen im Vertrauen,
Die Griechen seien abgehauen,
Das Pferd, ganz außer sich vor Freude,
In ihre Stadt als Siegesbeute.

Nachts sind die Krieger rausgekrochen
Und haben, so wie abgesprochen,
Die Festungstore mit Bedacht
Von innen leise aufgemacht.
Nun wurde Troja, wie bekannt,
Erobert und total verbrannt.

Ein solches Pferd kommt heutzutage
Als Kriegsgerät nicht mehr in Frage,
Da man den gleichen Zweck sehr leicht
Mit atomarerKraft erreicht.

Die griechische Mythologie
Beschreibt ein wüstes Fabelvieh,
Das allgemein KENTAUR heißt
Und gern mit großen Steinen schmeißt.
Kentauren, sagt uns die Geschichte,
Sind ausgemachte Bösewichte,
Die in Thessaliens Wäldern leben
Und nichts auf gute Sitten geben.
Sie haben, da halb Mensch — halb Pferd,
Auch optisch wenig Schönheitswert.

Als einst Thessaliens König freite,
Kam es zu einem üblen Streite
Mit den vierbeinigen Barbaren
(Die leider eingeladen waren),
Denn alle füllten — nichts wie rein —
Den Pferdebauch randvoll mit Wein
Und waren dann, kaum eingetroffen,
Zum größten Teile sturzbesoffen.
Sie nahmen sich, promilleschwer,
Dazu auch noch die Weiber her,
Wodurch sofort, das ist ganz klar,
Die Keilerei im Gange war.

Da die Kentauren ganz verbissen
Felsblöcke auf die Leute schmissen
Und dazu auch noch — ungelogen —
Baumstämme aus der Erde zogen,
Um diese mit ,,Beidarmig Reißen''
Den Gästen auf den Balg zu schmeißen,
Bewies Theseus dem König Treue.
Laut rief er aus: ,,Kentaurensäue!'',
Zog dann sein Schwert mit Heldenmut,
Schlug einen tot und das war gut:
Denn alle anderen sind jetzt
In Todesangst davongehetzt.

Das EINHORN ist ein Fabeltier.
Sein Horn, vergleichbar dem Rapier,
Kann, so berichten die Legenden,
Dem Menschen Kraft und Heilung spenden.
Das Einhorn gibt es nur als Mann,
Und fangen läßt es sich nur dann,
Wenn eine Jungfrau sich ihm schenkt
Und, es durch Liebe abgelenkt,
Die Welt um sich herum vergißt.
Daß diese Fangart Sage ist,
darüber sind wir sicher froh,
a) wegen Jungfrau, b) auch so.

Als dichterischer Musenkuß
Verbleiben noch zum guten Schluß
Als Sonderrasse dieser Herde
Die Kalauer BLUMENTO-PFERDE.

Wer dieses Buch bis hier gelesen
Ist sicherlich erstaunt gewesen,
Wie sehr das Pferd dem Menschenleben
Variantenreich Gehalt gegeben.

Der Leser wird mit diesem Wissen
(Ganz lässig ins Gespräch geschmissen)
Sich auch in besten Reiterkreisen
Als Kenner von Format erweisen.
Besonders wird er Eindruck machen
Mit Eohippus und so Sachen,
Desgleichen, wenn er nicht vergißt,
Was für ein Schwein das Nilpferd ist.

Geschichtlich kann er gleichfalls glänzen
Und im Gespräch leger ergänzen,
Was wegen anderer Interessen
Die meisten Menschen längst vergessen.
Bewunderung wird er erregen,
Kennt er Medusas Kindersegen
Und auch, wie Seite acht es lehrt,
Mit dem Begriff Przewalskipferd,
Vorausgesetzt, er spricht dabei
Das Wort „PRSCHE-walski" spuckefrei.

Hurra! Hurra! — Es geht ans Reiten!
Und viele werden Dich beneiden
Um das so große „Glück des Lebens".
Für die Erfüllung Deines Strebens
gibt es diverse Reitvereine,
Und als Empfänger Deiner Beine
Läßt Dich ein altes Schulpferd grüßen
Mit Schleudersitz und Eisenfüßen.
Jedoch gibt es noch ein Frist,
Weil Reitausrüstung nötig ist.

Die Reiterkleidung kann allein
Schon oft der erste Anlaß sein,
Den Pferderücken zu besteigen:
Um sich dekorativ zu zeigen.
Die Herren sind naturgemäß
Bezüglich Thorax und Gesäß
Und durch die Art sich zu bewegen,
Den Damen immer unterlegen. —
Durch Reitjacket und Prallsitzhose,
Durch Sattelsitz und Reiterpose
kommt deren weibliche Gestaltung
Zusätzlich reizvoll zur Entfaltung.

Bei Herren ist das nicht so toll;
Jedoch beweist sich eindrucksvoll
Die Strahlungskraft der Uniform,
Denn sie erleichtert ganz enorm
Erstrebten weiblichen Kontakt.
Nicht jeder Mann ist unverpackt —
Und ganz speziell im Bauchbereich —
In etwa dem Adonis gleich,
Besonders, wenn er ungehemmt
Tagtäglich kühle Bierchen stemmt;
Ein schwarzer Reitrock kommt dagegen
Der Bauchkaschierung sehr entgegen.

Für Reitbedarf gibt es Geschäfte,
In denen fachgeschulte Kräfte —
Oft sind es Reiterveteranen —
Am Tresen stehn, um abzusahnen.

Wie man im Fachgeschäfte weiß,
Führt Reiten zu Gesäßverschleiß.
Man prüft deshalb zunächst genau
Dein Hinterteil samt Unterbau
Und reicht Dir nach der Diagnose
Gewinnbestrebt die Höchstpreishose,
Mit Ledereinsatz, glatt und weich,
Im reiterlichen Sitzbereich.
Nun schreitest Du mit stolzer Miene
Zur nächsten Anprobierkabine
Und prüfst dort diese Schenkelwohnung
Auf Sitz und auf Gesäßbetonung.
Dabei hast Du, zuhöchst erschreckt,
Am Hosenbund den Preis entdeckt,
Weshalb Du die Moneten zählst
Und eine billigere wählst:
Aus festem Stoff, mit Kniebesatz,
Als guten, praktischen Ersatz.

Besitzt Du jedoch Geld in Haufen,
Wirst Du Dir die mit Leder kaufen,
Desgleichen wählst Du sie Dir aus
Bei gut betuchtem Elternhaus.

Zwar sind, nach Mode-Sachverstand,
Die hellen Hosen elegant,
Jedoch verfärben sie sich meist,
Wenn Dich das Pferd herunterschmeißt.
Auch kann der Stallbetrieb allein
Schon Gift für helle Hosen sein,
Weshalb, weil Du Beginner bist,
Die dunkle für Dich besser ist.

Die STIEFEL kaufst Du Dir entweder
Aus Gummi oder schwarzem Leder.
Die Lederstiefel, hoch im Preis,
Verlangen sehr viel Pflegefleiß
Und neigen auch zu Knitterfalten;
Du kannst jedoch die Form erhalten,
Indem Du sie auf Leisten spannst,
Wenn Du Dir Leisten leisten kannst.
Die Gummistiefel sind dagegen
Preisgünstig und sehr leicht zu pflegen.
Da man in Gummistiefeln leicht
Den Schweißfußindianern gleicht,
Mußt Du, und dieses kann nicht schaden,
Die Füße etwas öfter baden.

Da Reitersleute aller Klassen
Das Pferd oftmal abrupt verlassen,
Wenn es im Laufe plötzlich stockt
Und wenn es übermütig bockt,
Kaufst Du nunmehr für Fliegertage
Die REITKAPPE mit Sturzeinlage,
Zum Schutze Deiner Schädelwandung
Im Falle einer Bodenlandung.
Die Kappe muß verläßlich passen,
Sie darf Dich nicht beim Sturz verlassen,
Weil sonst Dein Kopf, was nahe liegt,
Beachtenswerte Beulen kriegt.

Von höchst erzieherischem Werte
Ist, so erklärt man Dir, die GERTE,
Die man verschämt auch „Hilfe" nennt,
Obwohl man ja den Rohrstock kennt,
Mit dem in den vergangenen Jahren
Die Lehrer ausgerüstet waren,
Um damit kräftig auszuholen
Bei „Sonderhilfen" durch Versohlen.
Die Gerte, die man dann und wann
auch an die Stiefel schlagen kann,
Ist ohne Zweifel außerdem
Ein tolles Imponieremblem.

Nun sagt Du Dir: „Ich mache Schluß,
Ich habe, was ich haben muß."
Da kommt der gute Handelsmann
Jedoch mit REITHANDSCHUHEN an
Und mit der fachlichen Bemerkung,
Sie hätten Zügel-Handverstärkung.
Deshalb erwirbst Du zukunftsfroh
Ein Paar für D-Mark soundso.

Nachdem Du Reithandschuhe hast,
Bist Du komplett — das heißt nur ,,fast'',
Denn der Verkäufer rät Dir nett
Zu einem schwarzen REITJACKETT;
Meint dazu fröhlichen Gesichts:
,,Das Anprobieren kostet nichts''
Und spricht geheimnisvoll und leise
Von einem Ausnahms-Sonderpreise.
Der Mann sagt auch noch umsatzfroh,
Daß dieses Jackett sowieso
Bei Reitturnieren Vorschrift ist
Und zeigt Dir mit Verkäuferlist
(Die beiden Ärmel schlupfbereit)
Das offerierte Reiterkleid.
Natürlich, das kann man verstehn,
Willst Du Dich mal im Reitrock sehn
Und bist dann auch nach kurzer Zeit
In ihn verliebt und kaufbereit.
Du zahlst mit letztem Geldbestand,
Jedoch trägt Du in Deiner Hand
Drei Plastiktüten — Stück für Stück
Gefüllt mit Reiter-Vorschußglück.

Zu Hause gehen dann die Damen
Mit sich ins weibliche Examen
Durch Überprüfung ihrer Haltung
Bei reiterlicher Sitzgestaltung.
Sie kommt, des hübschen Anblicks wegen,
Der Weiblichkeit charmant entgegen
Und gleicht in letzter Konsequenz
Der Haltung eines Mannequins:
Schultern zurück — die Brust heraus —
Das Becken vor — der Blick gradaus.
Ein solcher Anblick kann bei Herren
Beträchtlich an den Nerven zerren.

Auch Herren macht die Einkaufsbeute
Zu Hause still und heimlich Freude:
Sie drehen sich, den Damen gleich,
Kokett im Spiegel-Sichtbereich
Und steigen in der eig'nen Meinung
Als sportliche Gesamterscheinung.
Auch üben sie, in strammer Hose,
Mit forschem Blick, die Reitsitzpose,
Doch weicht die Forsche meist dem Jammer,
Sobald das Schulpferd wie ein Hammer
Beim Reiten auf und nieder geht,
Und das Gesäß in Flammen steht.

Das Reiten lernt man in Vereinen,
In zünftigen und superfeinen,
Von fachgeschulten Lehrexperten
Auf teilnahmslosen Reitschulpferden,
Die trensenmüde Mäuler haben
Und auf Befehl des Lehrers traben.

Du hast Dir den Verein gewählt,
Der zu den mittelgroßen zählt
Und der Dich auch, bezüglich Geld,
Nicht vor Finanzprobleme stellt.
Du rufst dort an und hörst mit Freude:
„Ja bitte, kommen Sie doch heute!"

Im Geiste siehst Du auf dem Wege
Ein süßes Pferdchen im Gehege,
Das Dich mit treuen Augen liebt,
Dir Küßchen und auch Pfötchen gibt,
Bis es das Gegenteil beweist
Und Dich in Deinen Hintern beißt.

Nach einer Weile kommst Du dann
Beim Reitverein „Sankt Georg" an,
Und dieser liegt, das ist verständlich,
Am Stadtrand, also etwas ländlich.
Zunächst siehst Du in jedem Falle
So eine Art von Lagerhalle,
Und seitlich liegt, was üblich ist,
Ein Riesenhaufen Pferdemist.

Auf Auslaufplätzen ringsumher,
Zertrampelt bis zum „Geht-nicht-mehr",
Entdeckst Du nun auch eine Herde
Verschieden großer Reitschulpferde,
Die froh in der Umzäunung traben
Und heute scheinbar Ausgang haben.
Du freust Dich mächtig, sie zu reiten
Und hast die Absicht, schon beizeiten,
Auf Reitturnieren zu obsiegen,
Um Preise aller Art zu kriegen.
Noch ist Dein Hochmut nicht gebrochen,
Jedoch wirst Du schon in drei Wochen
Vom „hohen Roß" heruntersteigen,
Wenn sich die Schwierigkeiten zeigen,
Denn Reiten, das erkennst Du leider,
Hat nichts zu tun mit „Hoppe Reiter".

Doch nun hinein ins Pferdereich!
Reitlehrer Martin kommt auch gleich
Und sagt nach der Begrüßung dann:
„Sehn Sie sich erst mal alles an!
Ich muß noch einen Herrn bedienen
Und komme dann sofort zu Ihnen."

Du gehst nun auf Erkundungsreise,
Wobei Du Pferde haufenweise
In Boxen und in Ständern siehst
Und dabei auf den Tafeln liest,
Wie Papa Pferd und Mama hießen
Und wie sie selbst sich taufen ließen.
Natürlich hast Du mit Bedacht
Den Pferden Zucker mitgebracht
Und reichst ein Stück — mit Fingerspitzen —
Amanda durch die Gitterritzen.
Jedoch, und das zu Deinem Glück,
Reißt Dich ein Junge schnell zurück
Und sagt Dir dann mit Sachverstand,
Daß man nur auf der flachen Hand
Den Pferden Zuckerstücke reicht,
Denn andernfalls passiert es leicht,
Daß so ein heißgeliebtes Pferd
Auch Deine Finger mit verzehrt.

Erfreut, fünf Finger noch zu haben,
Gehst Du zum Platz, wo Pferde traben
Und stellst Dich dort dann blöderweise
Behindernd in die Zugangsschneise.

Auf einmal hörst Du „trapp.. und bumm..“ —
Zuhöchst erschreckt drehst Du Dich um,
Und vor Dir siehst Du riesenhaft —
Hautnah — geballte Pferdekraft.
Der große Kopf geht auf und nieder,
Und muskulöse Pferdeglieder
Bewegen sich mit Eisenklang
An Dir vorbei, den Gang entlang.
Mit einem Satz springst Du zum Rande,
Du hängst Dich an die Reitbahnbande,
Und angsterfüllt flehst Du ergeben:
„Mein Gott, laß mich das überleben!“

Da mancherlei zu sehen ist,
Und Du auch noch am Leben bist,
Regst Du Dich ab und guckst zur Mitte.
Auf einmal hörst Du: ,,Tür frei, bitte!'',
Denn wieder kommt ein Reitersmann
Mit einem Riesenpferde an.
,,Die Tür ist frei!'' ertönt es drinnen,
Und nun führt er sein Pferd nach innen.
Du folgerst klug, und damit richtig,
Der Zuruf: ,,Tür frei!'' ist sehr wichtig,
Da er mit Sicherheit vermeidet,
Daß man Karambolagen reitet.

Dann wird für Dich sehr sehenswert
Ein sogenanntes Longenpferd,
Auf dem ein krasser Neuling sitzt,
Der sichtlich Blut und Wasser schwitzt.
Reitlehrer Martin, uns bekannt,
Hat eine Leine in der Hand,
An der, von Martin ferngelenkt,
Das Pferd mit seinem Maule hängt.
Die Longenpeitsche hilft zuzeiten
Dem Pferd bei Kreislaufschwierigkeiten.

Du weißt nun, was Longieren ist;
Und da Du wissensdurstig bist,
Fragst Du bei Deinem Nebenmann,
Was man wohl sonst noch sehen kann.
Der ist zur Auskunft gern bereit
Und sagt sehr nett und hilfsbereit:
„Ach, gehn Sie doch zu „Wirbelwind",
Dort, wo die jungen Leute sind."

Der Wirbelwind entpuppt sich dann
Als müder Pferdeveteran.
Er hat in seinen guten Tagen
Zigtausend Hintern blau geschlagen
Und dient nun in der Reitstallecke
Ausschließlich für Belehrungszwecke.
Er macht ergeben, was man will
Und hält auch mustergültig still,
Egal, was um ihn 'rum geschieht
Und wer an seinem Zaumzeug zieht.
Ein Mädchen, schick in Reiterkleidung,
hat scheinbar hier die Oberleitung,
Denn es erklärt der jungen Truppe
Soeben Widerrist und Kruppe.

Die junge Hilfsreitlehrerin
Weist nunmehr auf die Trense hin
Und zeigt ein Leder-Stahlgewirr,
Das sogenannte Kopfgeschirr.
Sodann schiebt sie dem Reitschulgaul
Die Eisentrense in das Maul,
Legt Riemenzeug um seinen Kopf
Und auf die Stirn den Mähnenschopf.
Für jeden aus der Jugendgruppe
Wird Wirbelwind nun Anziehpuppe,
Denn alle tun es noch einmal —
Dem alten Gaul ist das egal.

Gutmütig, brav ist sein Gesicht,
Ein ,,Einstein'' ist er sicher nicht;
Auch wäre er, trotz aller Werte,
Wohl kein Modell für Denkmalpferde.
Jedoch ist er zu jeder Zeit
Entgegenkommend, hilfsbereit,
Dem Unterricht von großem Nutzen,
Zum Beispiel jetzt — beim Hufe putzen.

Die Hufe sind, was logisch ist,
Randvoll gefüllt mit Pferdemist,
Weil alle Pferde ihre Sachen
Zu Hause auf den Teppich machen,
Und man ein Pferd nur dann und wann
Wie Hunde ,,Gassi führen'' kann.
Auch würde von den Rosinanten
Das ,,Gassi Gehen'' nicht verstanden.
Sie knödeln in der Regel dann,
Wenn man es nicht gebrauchen kann.
Da Mist nicht in die Bahn gehört
Und auch das Pferd beim Laufen stört,
Muß man die harten gelben Batzen
Den Pferden aus den Hufen kratzen.

Du bist als Neuling sehr erstaunt
Wie furchtlos und wie gut gelaunt
Sich alle um das Schulpferd tummeln,
Mal hier was tun, mal dort was fummeln,
Wie sie begeistert ,,Satteln'' üben,
Und wie das kleine Mädchen drüben
Zu diesem Zweck ganz ungehemmt
Den Sattel in die Höhe stemmt.
Der Wirbelwind bleibt ruhig stehn,
Läßt alles über sich ergehn.
Er wird für Dich zum Wunderpferd
Und allerhöchster Ehren wert.

Das Pferd, dem dieses Lob beschieden,
Will auch akustisch etwas bieten,
Denn es schickt Winde auf die Reise,
Zuerst zwei laute, dann drei leise.
Du hörst nicht grade mit Erbauung
Die Offenbarung der Verdauung,
Freust Dich jedoch, daß Du nun weißt,
Was ,,guter Ton'' bei Pferden heißt.

Ganz klar beweist Dir Wirbelwind,
Daß Pferde völlig harmlos sind,
Weshalb Dich das Verlangen packt —
Zwecks Schmusekuß und Handkontakt —
Dem nächsten Pferd, ganz ohne Quatschen,
Eins auf das Hinterteil zu klatschen.
Statt Dich nun schmusend zu begrüßen,
Schlägt dieses Pferd mit beiden Füßen,
Jedoch springst Du sofort zurück
Und hast dadurch noch einmal Glück.
Ein Reiter aber faucht Dich an:
„Mit Pferden muß man reden, Mann!"

Ein Pferd, das schlägt, ist selten bös —
Jedoch sind Pferde sehr nervös
Und von Natur aus jederzeit
Zum Huftritt und zur Flucht bereit.
Um diese Triebe nicht zu wecken,
Darfst Du sie keinesfalls erschrecken —
Denn auch ein sehr robuster Magen
Kann Pferdetritte schlecht vertragen.
Du mußt deshalb, vor dem Berühren,
Mit Deinem Pferd Gespräche führen.
Dabei hat so ein Pferd vor allem
An tiefen Tönen Wohlgefallen
Und keinesfalls am hohen C —
Das tut ihm in den Ohren weh.

Egal ist jedoch, was Du sagst.
Ob Du nach dem Befinden fragst,
Nach Uhrzeit oder Schneebericht —
Das interessiert die Pferde nicht.
Da sie kaum ihren Namen kennen,
Kannst Du sie „Alte Ziege" nennen,
Auch „Sturer Bock" aus purem Spaß —
Entscheidend ist, Du sprichst etwas.

Beim Rundgang durch die Pferdewelt
Hast du inzwischen festgestellt,
Daß vor dem Sitz auf hohem Rosse
So manche steile Leitersprosse
Zunächst erklommen werden muß.
Du registrierst zum guten Schluß,
Daß auch das simple Pferdeputzen
Für Reiter von sehr großem Nutzen,
Da es sehr schnell Kontakte schafft
Zur unbekannten Pferdekraft.

Die Pferde, die Dich erst erschreckten
Und mannigfache Ängste weckten,
Erscheinen Dir zunehmend kleiner,
Die Köpfe friedlicher und feiner,
Auch kann die Art, sich zu bewegen,
Dich nicht mehr sonderlich erregen.
Du bist von allen Ängsten frei
Und fühlst beglückt: „Ich bin dabei!"
Nun kommt mit seinem Stundenplan
Reitlehrer Martin bei Dir an
Und tut Dir kurz und bündig kund:
„Um achtzehn Uhr geht's morgen rund."

Reitlehrer sind im allgemeinen
Meist sehr viel netter als sie scheinen,
Da sie ja nur beruflich brüllen,
Um ihren Auftrag zu erfüllen,
Und in den großen Reiterhallen
Nur laute Worte dorthin schallen,
Wo ein geübtes Reitschulpferd
Sich gegen Zügelreißen wehrt
Und wo ein Neuling, unbedacht,
Nur dummes Zeug im Sattel macht.

Vier bis fünf Wochen sind vorbei
Und Du kannst schon so mancherlei:
Du hast gesattelt und gezäumt,
Hast Hufe mehrmals ausgeräumt
Und konntest ein paar Stunden nutzen,
Um Pferde ringsherum zu putzen.
Du hast auch schon mit Vorbedacht
,,Ausbinderzügel'' angebracht,
Durch die das Pferd beim Üben dann
Den Kopf zunächst nicht strecken kann,
Was es im schnellen Lauf behindert
Und so die Fluchtgefahr vermindert;
Desgleichen wird dadurch dem Pferd
Der harte Stoß beim Lauf verwehrt:
Es gibt den Rücken und schwingt weich
Im reiterlichen Sitzbereich.

Doch endlich ist es dann soweit:
Schulpferd Amanda steht bereit,
Und stolz führst Du es ganz allein
Mit ,,Tür frei!'' in die Bahn hinein.
Reitlehrer Martin hängt es dann
Zunächst an eine Longe an.

Beim Auto ist sehr angenehm
Das wirkungsvolle Bremssystem;
Desgleichen ist sehr vorteilhaft,
Daß man die Fortbewegungskraft
Durch Automatik oder Schaltung,
Durch Gasdruck oder Gasenthaltung
Variantenreich gestalten kann.
Bei Pferden ist von Anfang an,
Selbst wenn man sie sehr gut dressiert,
Das Ungewisse programmiert;
Und statt auf Sitzen aus Velours
Hockst du nach einer Klettertour
Auf einem Hochsitz, hart wie Stein —
Stoßdämpfer bist Du ganz allein.

Da Du jedoch bis jetzt nicht weißt,
Was hoher Sitz im Sattel heißt,
Und außerdem der Ansicht bist,
Daß dieser weich und mollig ist,
Gehst Du mit innerer Verneigung
An Deine Pferde-Erstbesteigung.

Du steigst nach oben mit Bedacht,
Wie Martin es Dir vorgemacht
Und sitzt nun einem Feldherrn gleich
Stolz im erhöhten Sichtbereich.
Jedoch hast du den Sattelgurt
Nicht vorschriftsmäßig nachgezurrt
Und rutschst dadurch zu Deinem Schreck
Samt Sattelzeug nach unten weg.
Amanda aber grinst verdächtig.
Sie hat, und das ist niederträchtig,
Den Bauch beim Satteln rausgestreckt
Und in der Halle abgespeckt.

Durch Deinen ersten Sattelsturz
War zwar die Reiterfreude kurz,
Jedoch muß man ihn trotzdem loben,
Denn lehrreich ist der Fall von oben.
Dein nächster Aufsitz wird grotesk:
Du hälst Dein Pferd jetzt selber fest,
Doch dieses macht zu Deinem Leide
Nun einen Schlenker nach der Seite.
Dein Fuß ist aber schon im Bügel.
Infolge nicht erfaßter Zügel
Beginnt Amanda zu entschlüpfen
Und übt mit Dir „Einbeinig-Hüpfen".

Der Unterricht geht hurtig weiter,
Und Du bist nunmehr Longenreiter.
Du hast jedoch noch nicht kapiert,
Wie so ein Reitpferd funktioniert,
Da ja Amanda nur erfüllt,
Was man ihr laut entgegenbrüllt,
Und sie, vom Lehrer ferngelenkt,
Mit dessen grauen Zellen denkt.

In einem Pferde, gut dressiert,
Sind Reaktionen programmiert,
Und diese bringt man zur Entfaltung
Durch Schenkeldruck und Körperhaltung.
Ein Reitpferd, das zur Linken geht,
Entweicht dem Druck, der rechts entsteht,
Wodurch es sich, was nahe liegt,
Dann um den Innenschenkel biegt.
Bei Reitbelastung legt das Pferd
Auf Gleichgewicht sehr großen Wert.
Verlagert man das Reitgewicht,
So stimmt die Gleichbelastung nicht.
Das Pferd versucht in solchen Fällen
Die Gleichlast wieder herzustellen,
Wodurch es sich, so angeregt,
In der gewünschten Art bewegt.

Die Zügel, die zur Trense gehn,
Sind auch zur Lenkung vorgesehn,
Jedoch, das soll den Sport nicht mindern,
Befehle gibt dem Pferd der — Hintern.

Die Autos fahren generell
Je nach dem Gang verschieden schnell;
Auch sitzt man, das ist angenehm,
Bei jeder Schnelligkeit bequem. —
Das Pferd ist in den Gangbereichen
Nicht mit dem Auto zu vergleichen;
Sein Gangsystem ist kompliziert:
Es geht, es trabt, es galoppiert.

Beim Ersten Gang geht es im Schritt,
Und Du kommst ganz problemlos mit.
Jedoch beim Trab und beim Galopp
Geht es dann ständig: Hopp — hopp — hopp,
Und damit kommt zu Deinem Jammer
Das zarte Sitzfleisch untern Hammer.

Du sitzt verkrampft — statt schwingend locker —
Hoch auf dem harten Rüttelhocker;
Massives, unentwegtes Prellen
Verfärbt Dich an markanten Stellen,
Und Du merkst außerdem erschreckt,
Das Feuer in der Hose steckt.

Egal, ob weiblich rund und zart,
Ob männlich muskulös und hart —
Der böse Wolf sucht ohne Schonung
In Reiterhosen seine Wohnung.
Sehr oft kommt auch die ganze Chose
Durch Falten in der Unterhose,
Die bei der Reitbewegung reiben
Und Wölfe in die Hose treiben.
Dieselben sitzen farbenfroh
Meist ziemlich lang auf dem Popo
Und stören in den ersten Zeiten
Beträchtlich das graziöse Schreiten.

Inzwischen reitest Du schon frei
(Reitlehrer Martin ist dabei),
Und du trabst nun in einer Herde
Befehlsgewohnter Reitschulpferde.
In Kürze darfst Du dann auch springen:
Dabei gilt es vor allen Dingen,
Das Pferd beim Sprunge mitzunehmen,
Sonst kommt es zu sehr unbequemen
Und unbeliebten Saltostürzen,
Die zwar dem Pferd den Weg verkürzen,
Jedoch an schwarzen Reitertagen
Dein Schlüsselbein in Stücke schlagen.

Um später auch Dressur zu reiten,
Suchst Du Dir möglichst schon beizeiten
Ein kluges, sehr sensibles Pferd
Von ausgeprägtem Schönheitswert.
Statt Kraftentfaltung — wie beim Springen —
Zeigt die Dressur vor allen Dingen
Das Pferd in seiner schönsten Haltung
Bei eleganter Schrittgestaltung
Und in bezaubernder Manier
Die Symbiose Mensch und Tier.

Hurra! — Der Autor wünscht viel Glück:
Du hast ein Pferd! „Das gute Stück"
Wird nunmehr für Dich ganz allein
Ein lieber Freund und Diener sein,
Und rasch wird das Verstehen reifen:
Dein eignes Pferd wird bald begreifen,
Was Du mit Körpersprache sagst;
Und wenn Du es ganz heimlich fragst,
Ob es Dich liebt — und es sagt ja,
Dann ist das Glück im Sattel da!

Liebe Pferdefreunde!

Das kleine Buch lehrt nicht das Reiten,
Es soll nur Fröhlichkeit verbreiten,
Jedoch, trotz Scherz und frohem Lachen,
Für jenes Tier empfindsam machen,
Das seit sechstausend Jahren schon,
Im Kriegsdienst und im Arbeitsfron,
Uns Menschen treu zur Seite steht
Und klaglos alle Wege geht,
Die wir dem edlen Tiere weisen.
Und wenn wir Pferdefreunde heißen,
Sind wir vor Gott und aller Welt
In die Verantwortung gestellt,
Dem Pferde Schmerzen zu ersparen
Und es vor Schindern zu bewahren.